Ce cahier appartient à

Pour les coloriages, nous conseillons de mettre une feuille épaisse ou cartonnée en dessous pour éviter les bavures (l'utilisation de feutres est déconseillée).

Relative Editions

Nous espérons que vous passerez de bons moments avec ce cahier, avec autant de plaisir que nous avons eu à le concevoir.

Si c'est le cas, nous serions extrêmement reconnaissants si vous preniez une minute pour ajouter un commentaire, cela nous aide énormément. Il suffit de scanner ce QR Code qui vous dirigera directement vers le formulaire sur Amazon. Merci de votre confiance.

1) je scanne le QR Code

2) je dépose mon commentaire

3) j'aide les autres parents à faire le bon choix et cela nous encourage à créer d'autres cahiers de qualité.

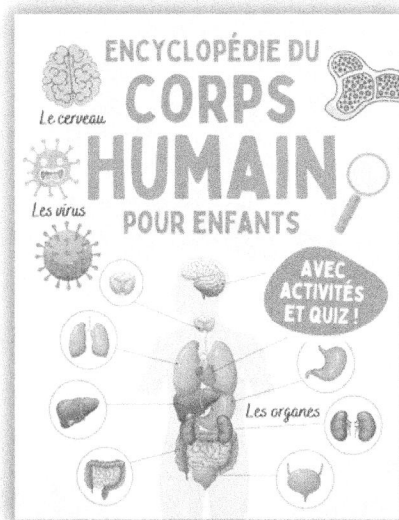

80 PAGES AVEC PLUS DE 100 PHOTOS !

EXPÉRIENCES SCIENTIFIQUES POUR ENFANTS

NOUVELLE ÉDITION ENRICHIE

ENCYCLOPÉDIE DU CORPS HUMAIN POUR ENFANTS

Le cerveau

Les virus

AVEC ACTIVITÉS ET QUIZ !

Les organes

APPRENDRE À DESSINER POUR ENFANTS

Étape par Étape

1 2 3 4 5

+30 PAGES EN COULEURS

UN CAHIER D'ÉCRITURE CURSIVE COMPLET ET LUDIQUE

UN APPRENTISSAGE PROGRESSIF À L'ÉCRITURE CURSIVE DE TOUTES LES LETTRES DE A À Z, EN MINUSCULE ET MAJUSCULE.

minuscule

A A A A A A A A A A
A A A A A A A A A A
A
A
A

b b b b b b b b
b b b b b b b b
b
b
b

DES EXERCICES AVEC DES MOTS ET DES PHRASES À RECOPIER.

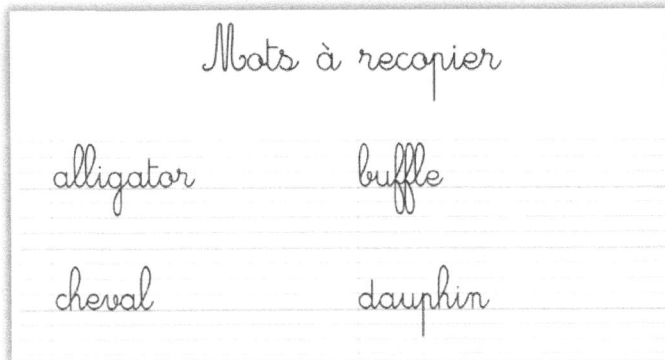

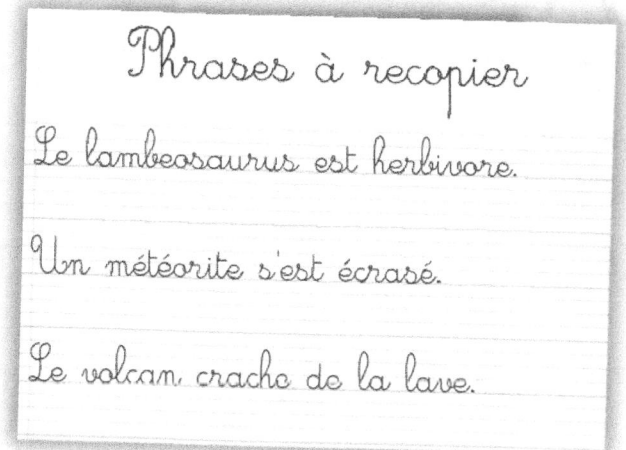

Mots à recopier

alligator   buffle

cheval   dauphin

Phrases à recopier

Le lambeosaurus est herbivore.

Un météorite s'est écrasé.

Le volcan crache de la lave.

UN COLORIAGE POUR CHAQUE LETTRE

A a

MAJUSCULE

A A A A A A A A A A

A A A A A A A A A A

A

A

A

minuscule

a a a a a a a a a

a a a a a a a a a

a

a

a

a

A A A A A A A A A A A

A

A

A

A

minuscule

a a a a a a a a a a a a

a

a

a

a

Coloriage

A COMME.... ALLIGATOR

B b

MAJUSCULE

B B B B B B B B B B

B B B B B B B B B B

B

B

B

minuscule

b b b b b b b b b b b

b b b b b b b b b b b

b

b

b

b

B B B B B B B B B

B

B

B

B

minuscule

b b b b b b b b b b

b

b

b

b

Coloriage

B COMME.... BUFFLE

C c

MAJUSCULE

C C C C C C C C C C

C C C C C C C C C C

C

C

C

minuscule

c c c c c c c c c c

c c c c c c c c c c

c

c

c

c

C C C C C C C C C

C

C

C

C

minuscule

c c c c c c c c c c c

c

c

c

c

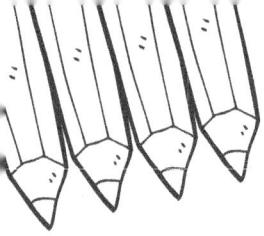

Coloriage

C COMME.... CHEVAL

D d

MAJUSCULE

D D D D D D D D D D D

D D D D D D D D D D D

D D D D D D D D D D D

D D D D D D D D D D D

D D D D D D D D D D D

minuscule

d d d d d d d d d d d

d d d d d d d d d d d

d

d

d

d

D D D D D D D D D D D

D

D

D

D

minuscule

d d d d d d d d d d d

d

d

d

d

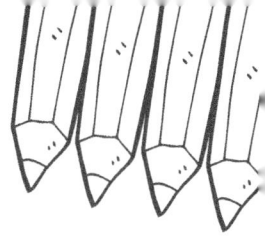

Coloriage

D COMME.... DAUPHIN

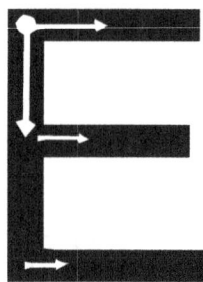

E e

MAJUSCULE

E E E E E E E E E E E E E E

E E E E E E E E E E E E E E

E

E

E

minuscule

e e e e e e e e e e e e

e e e e e e e e e e e

e

e

e

e

E E E E E E E E E E E

E

E

E

E

minuscule

e e e e e e e e e e e

e

e

e

e

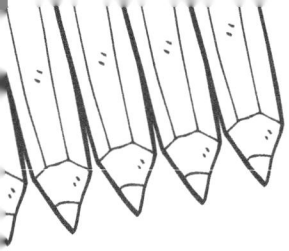

Coloriage

E COMME.... ESCARGOT

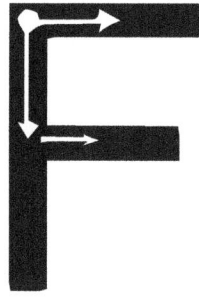

F f

F F F F F F F F F F

F F F F F F F F F F

F

F

F

minuscule

f f f f f f f f f f f

f f f f f f f f f f f

f

f

f

F F F F F F F F F

F

F

F

F

minuscule

f f f f f f f f f f f f

f f

f f

f

Coloriage

F COMME.... FAUCON

G g

MAJUSCULE

G G G G G G G G G G

G G G G G G G G G G

G G

G G

G G

minuscule

g g g g g g g g g

g g g g g g g g g

g

g

g

G G G G G G G G G G G

G

G

G

G

minuscule

g g g g g g g g g g g

g

g

g

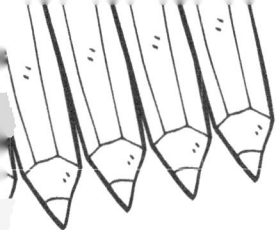

Coloriage

G COMME.... GIRAFE

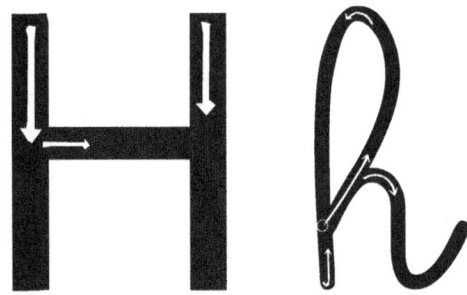

H h

H H H H H H H H H H

H H H H H H H H H H

H H H H H H H H H H

H H H H H H H H H H

H H H H H H H H H H

minuscule

h h h h h h h h h h h

h h h h h h h h h h h

h

h

h

h

H H H H H H H H H H H

H

H

H

H

minuscule

h h h h h h h h h h h

h

h

h

h

Coloriage
H COMME.... HIBOU

I i

MAJUSCULE

minuscule

i i i i i i i i i i i

i i i i i i i i i i i

i

i

i

i

minuscule

i i i i i i i i i i i i

i

i

i

i

Coloriage

I COMME.... IGUANE

J j

J J J J J J J J J

J J J J J J J J J

J

J

J

minuscule

j j j j j j j j j j

j j j j j j j j j j

j

j

j

J J J J J J J J J

J

J

J

J

minuscule

j j j j j j j j j j j

j

j

j

Coloriage

J COMME.... JAGUAR

K k

MAJUSCULE

K K K K K K K K K K
K K K K K K K K K K
K
K
K

minuscule

k k k k k k k k k k
k k k k k k k k k k
k
k
k
k

K K K K K K K K K

K

K

K

K

minuscule

k k k k k k k k k k k k k

k

k

k

k

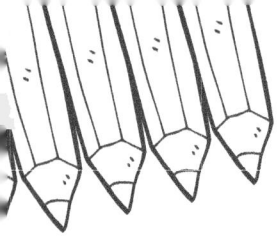

Coloriage

K COMME.... KOALA

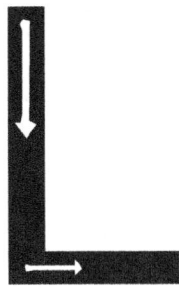

L ℓ

MAJUSCULE

L L L L L L L L L

L L L L L L L L L

L

L

L

minuscule

ℓ ℓ ℓ ℓ ℓ ℓ ℓ ℓ ℓ ℓ ℓ

ℓ ℓ ℓ ℓ ℓ ℓ ℓ ℓ ℓ ℓ ℓ

ℓ

ℓ

ℓ

ℓ

L L L L L L L L L

L

L

L

L

minuscule

l l l l l l l l l l

l

l

l

l

Coloriage
L COMME.... LAPIN

MAJUSCULE

M M M M M M M M M M

M

M

M

M

minuscule

m m m m m m m m m m m

m

m

m

m

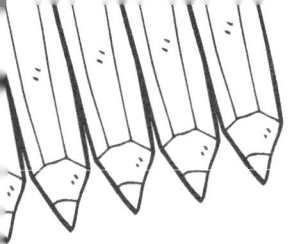

Coloriage
M COMME.... MANCHOT

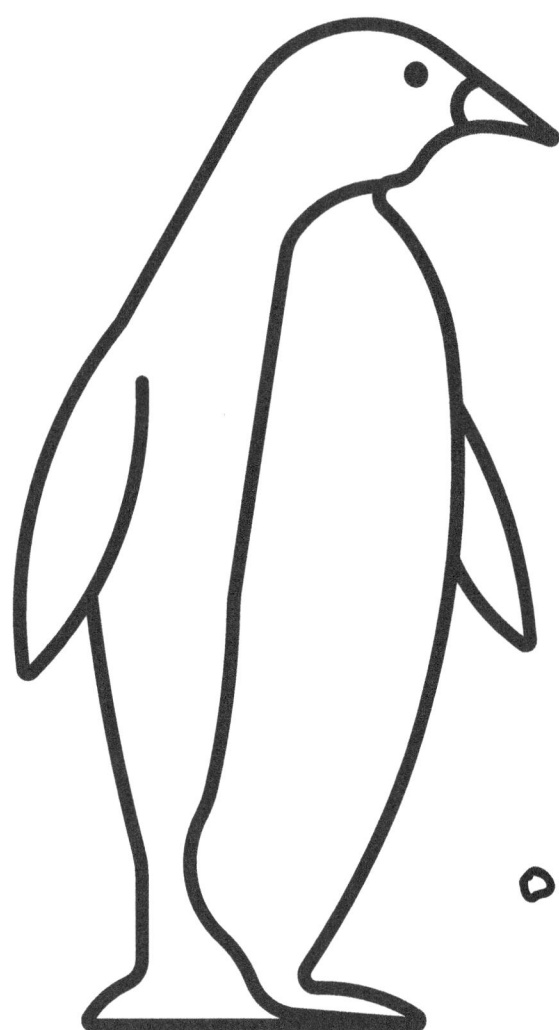

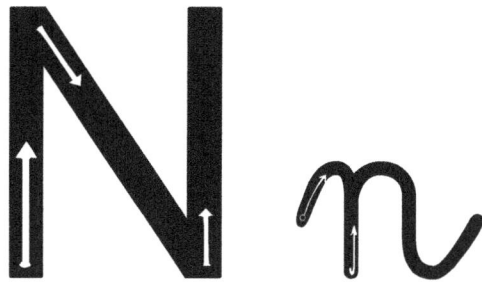 

MAJUSCULE

N N N N N N N N

N

N

N

N

minuscule

n n n n n n n n n n n

n

n

n

n

Coloriage

N COMME.... NAUTILE

MAJUSCULE

O O O O O O O O O

O O O O O O O O O

O

O

O

minuscule

o o o o o o o o o

o o o o o o o o o

o

o

o

o

O O O O O O O O O O

O

O

O

O

minuscule

o o o o o o o o o o o

o

o

o

o

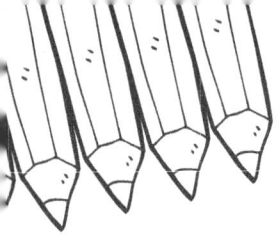

Coloriage

O COMME.... ORQUE

P p

MAJUSCULE

P P P P P P P P P P P

P P P P P P P P P P P

P P P P P P P P P P P

P P P P P P P P P P P

P P P P P P P P P P P

minuscule

p p p p p p p p p p p p p

p p p p p p p p p p p p p

p p

p p

p p

P P P P P P P P P

P

P

P

P

minuscule

ρ ρ ρ ρ ρ ρ ρ ρ ρ ρ

ρ

ρ

ρ

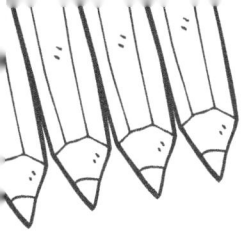

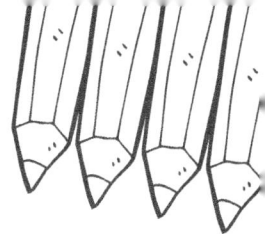

Coloriage

P COMME.... PERROQUET

Q q

MAJUSCULE

Q Q Q Q Q Q Q Q Q

Q Q Q Q Q Q Q Q Q

Q

Q

Q

minuscule

q q q q q q q q q

q q q q q q q

q

q

q

Q Q Q Q Q Q Q Q Q Q

Q

Q

Q

Q

minuscule

q q q q q q q q q q q

q

q

q

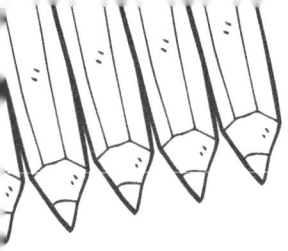

Coloriage

Q COMME.... QUOKKA

R r

MAJUSCULE

R R R R R R R R R R R

R R R R R R R R R R R

R R R R R R R R R R R

R R R R R R R R R R R

R R R R R R R R R R R

minuscule

r r r r r r r r r r r

r r r r r r r r r r r

r

r

r

r

R R R R R R R R R

R

R

R

R

minuscule

r r r r r r r r r r

r

r

r

r

Coloriage

R COMME.... RENARD

S s

MAJUSCULE

S S S S S S S S

S S S S S S S S

S

S

S

minuscule

s s s s s s s s s s s s

s s s s s s s s s s s s

s

s

s

s

S S S S S S S S S S

S

S

S

S

minuscule

b b b b b b b b b b b b

b

b

b

b

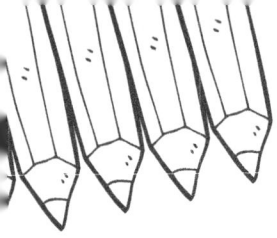

Coloriage
S COMME.... SERPENT

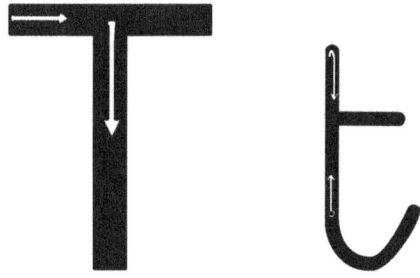

T t

MAJUSCULE

T

minuscule

t

T T T T T T T T T T

T

T

T

T

minuscule

t t t t t t t t t t t t

t

t

t

t

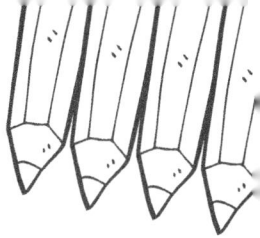

Coloriage

T COMME.... TORTUE

U u

MAJUSCULE

U U U U U U U U U

U U U U U U U U U

U U U U U U U U U

U U U U U U U U U

U U U U U U U U U

minuscule

u u u u u u u u u

u u u u u u u u u u

u

u

u

u

U U U U U U U U U U

U

U

U

U

minuscule

u u u u u u u u u u u u

u

u

u

u

Coloriage

U COMME.... URUBU

MAJUSCULE

minuscule

V V V V V V V V V V V V V V

V

V

V

V

minuscule

v v v v v v v v v v v

v

v

v

v

Coloriage

U COMME.... VACHE

MAJUSCULE

minuscule

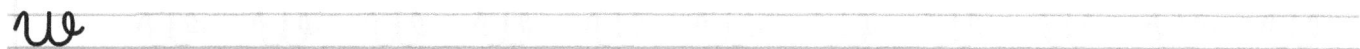

W W W W W W W W W

W

W

W

W

minuscule

w w w w w w w w w w w

w

w

w

w

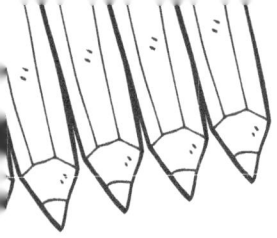

Coloriage

W COMME.... WALLABY

X

X X X X X X X X X
X X X X X X X X X
X
X
X

minuscule

ꝏ ꝏ ꝏ ꝏ ꝏ ꝏ ꝏ ꝏ ꝏ ꝏ
ꝏ ꝏ ꝏ ꝏ ꝏ ꝏ ꝏ ꝏ ꝏ ꝏ
ꝏ
ꝏ
ꝏ
ꝏ

X X X X X X X X X

X

X

X

X

minuscule

∝ ∝ ∝ ∝ ∝ ∝ ∝

∝

∝

∝

∝

Coloriage

X COMME.... XÉRUS

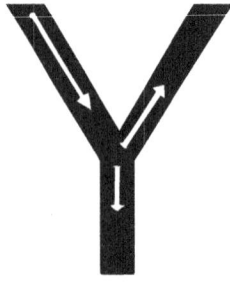

Y y

MAJUSCULE

Y Y Y Y Y Y Y Y Y Y Y

Y Y Y Y Y Y Y Y Y Y Y

Y

Y

Y

minuscule

y y y y y y y y y y y

y y y y y y y y y y y

y

y

y

Y Y Y Y Y Y Y Y Y Y

Y

Y

Y

Y

minuscule

y y y y y y y y y y y

y

y

y

Coloriage

Y COMME.... YACK

MAJUSCULE

minuscule

Z Z Z Z Z Z Z Z Z

Z

Z

Z

Z

minuscule

z z z z z z z z z z

z

z

z

Coloriage
Z COMME.... ZÈBRE

Mots à recopier

alligator

buffle

cheval

dauphin

escargot

faucon

girafe

hibou

iguane

jaguar

koala

lapin

manchot	nautile
orque	perroquet
quokka	renard
serpent	tortue
urubu	vache
wallaby	xérus

Phrases à recopier

Le tyrannosaure est carnivore.

Un météorite s'est écrasé.

Le volcan crache de la lave.

Un fossile de dinosaure est fragile.

Le diplodocus est herbivore.

Le gallimimus vivait en Asie.

1

1 1 1

1 1 1

1 1 1

1 1 1

1 1 1

1 1 1

2

2 2 2

2 2 2

2 2 2

2 2 2

2 2 2

2 2 2

3

3 3 3

3 3 3

3 3 3

3 3 3

3 3 3

3 3 3

4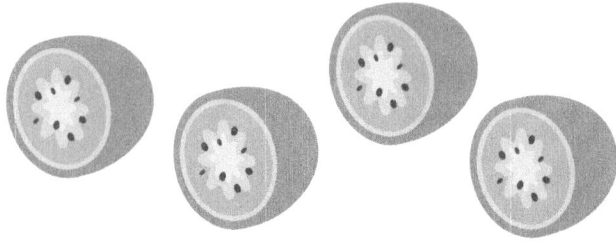

4 4 4

4 4 4

4 4 4

4 4 4

4 4 4

4 4 4

5

5 5 5 5 5 5 5 5

5 5 5 5 5 5 5 5

5 5 5 5 5 5 5 5

5 5 5 5 5 5 5

5 5 5 5 5 5 5

5 5 5

6

6  6 6

6  6 6

6  6 6

6  6 6

6  6 6

6  6 6

7

8

8

8

8

8

8

8

9

9

9

9

9

9

9

Mots à recopier

alligator	buffle
cheval	dauphin
escargot	faucon
girafe	hibou
iguane	jaguar
koala	lapin

manchot	nautile
orque	perroquet
quokka	renard
serpent	tortue
urubu	vache
wallaby	xérus

Phrases à recopier

Le tyrannosaure est carnivore.

Un météorite s'est écrasé.

Le volcan crache de la lave.

Un fossile de dinosaure est fragile.

Le diplodocus est herbivore.

Le gallimimus vivait en Asie.

1

1 1 1 1

1 1 1

1 1 1

1 1 1

1 1 1

1 1 1 1

2

2 2 2

2 2 2

2 2 2

2 2 2

2 2 2

2 2 2

3

4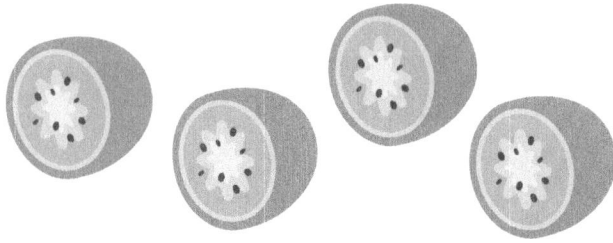

4 4 4

4 4 4

4 4 4

4 4 4

4 4 4

4 4 4

5

5

5

5

5

5

5

6

6

6

6

6

6

6

7

8

8

8

8

8

8

8

9

9

9

9

9

9

9

Mots à recopier

alligator

buffle

cheval

dauphin

escargot

faucon

girafe

hibou

iguane

jaguar

koala

lapin

manchot	nautile
orque	perroquet
quokka	renard
serpent	tortue
urubu	vache
wallaby	xérus

Phrases à recopier

Le tyrannosaure est carnivore.

Un météorite s'est écrasé.

Le volcan crache de la lave.

Un fossile de dinosaure est fragile.

Le diplodocus est herbivore.

Le gallimimus vivait en Asie.

Made in the USA
Las Vegas, NV
12 February 2025